Mi primer libro de palabras

el azulejillo

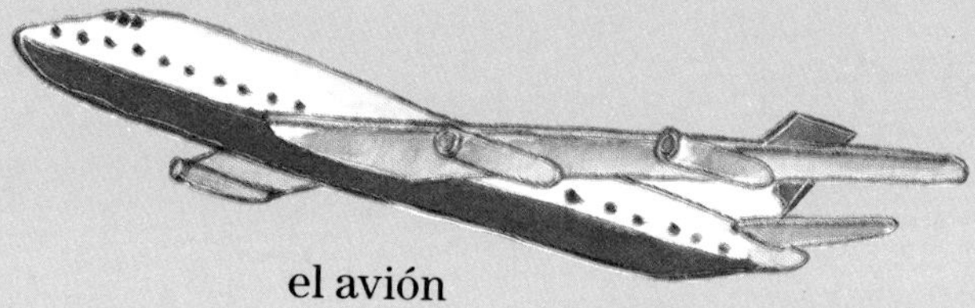

el avión

Mi primer libro de palabras

las hojas

El contenido

Mi cuerpo 7
Mi familia 8–9
Mis sentimientos 10–11
Mi dormitorio 12–13
Mis juguetes 14
Mi ropa 15
Mi cocina 16–17
Mi comida 18–19
Mi sala 20–21
Mi baño 22–23
Mi patio 24–25
Mi salón de clases 26–27
Aprendo los colores 28
Aprendo las formas 29
Aprendo los números 30–31
Aprendo inglés 32–33
Los instrumentos musicales . . . 34–35
Mi fiesta de cumpleaños 36–37
Mi comunidad 38–39
Mi patio de recreo 40–41
Mi supermercado 42–43
La oficina de mi médico 44–45
Los vehículos 46–47
Las herramientas 48–49
Los días de fiesta 50–51
Las estaciones 52–53
El tiempo 54–55
Los animales de la granja 56–57
Los animales salvajes 58–59
Los animales marinos 60
Los animales nocturnos 61
Buenas noches 62

a tostadora

la fresa

el suéter

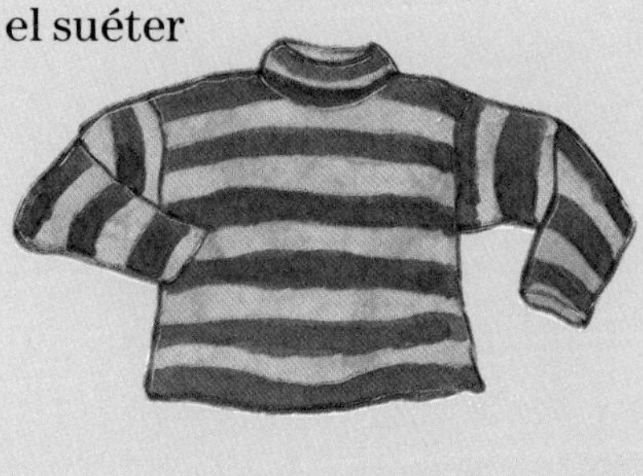

la rana

Mi primer

Mil palabras que

el niño
el gato
el triciclo

libro de palabras

los niños deben saber

Ilustrado por Lena Shiffman

la carreta
Jillian
la niña

Cartwheel BOOKS®

SCHOLASTIC INC.
New York Toronto London Auckland Sydney

Para mi madre
— L.S.

ISBN 0-590-46028-5

17 16 1 2/0

Printed in the U.S.A. 08
First Scholastic printing, September 1992

Mi cuerpo

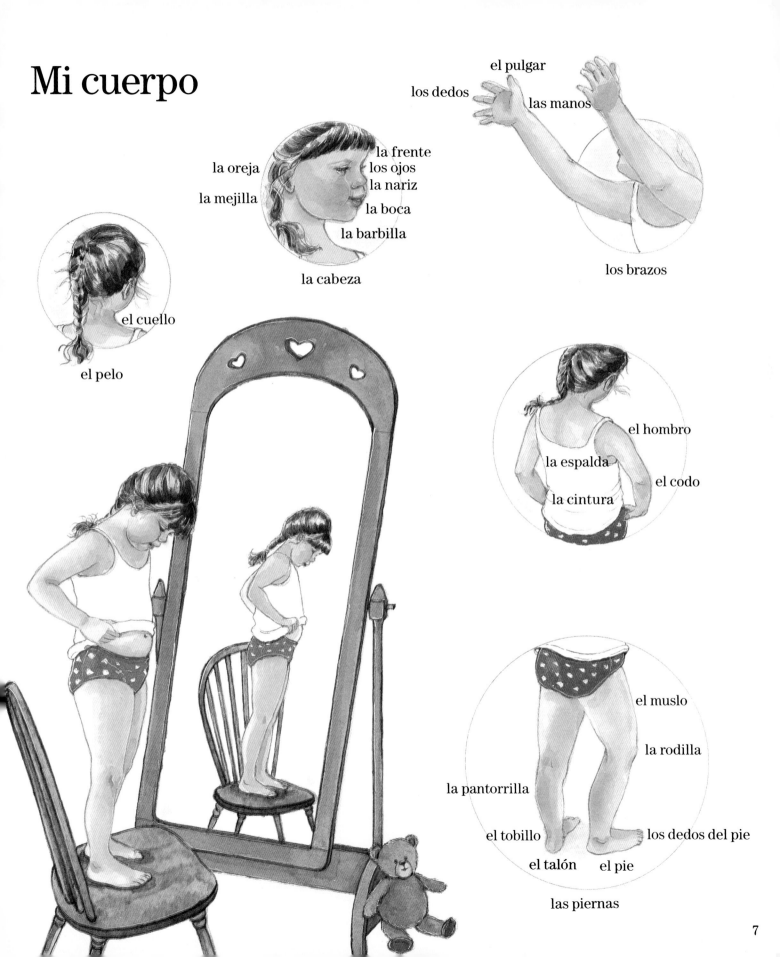

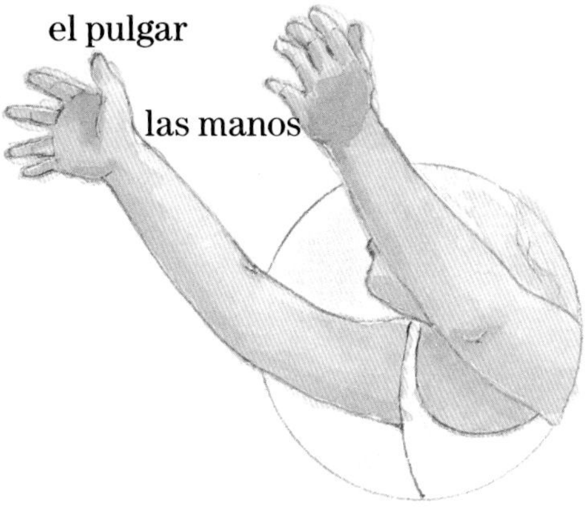
el pulgar
los dedos
las manos

los brazos

la frente
la oreja
los ojos
la nariz
la mejilla
la boca
la barbilla

la cabeza

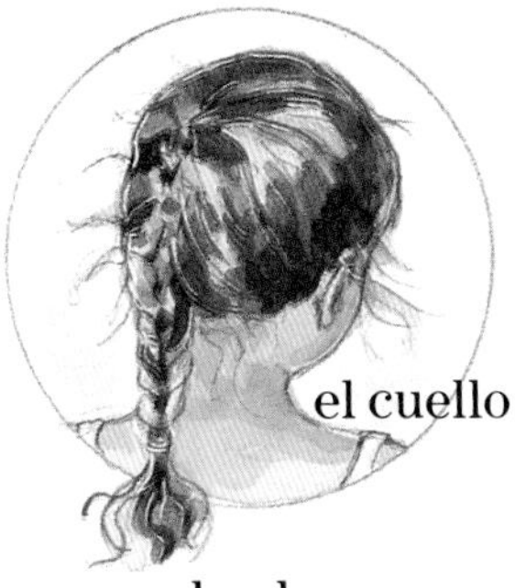
el cuello

el pelo

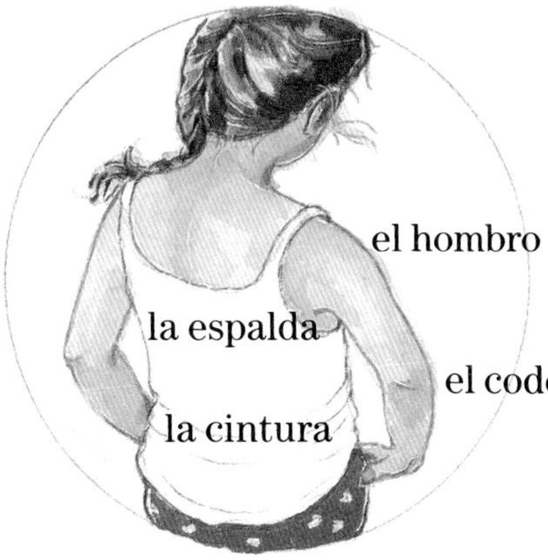
el hombro
la espalda
el codo
la cintura

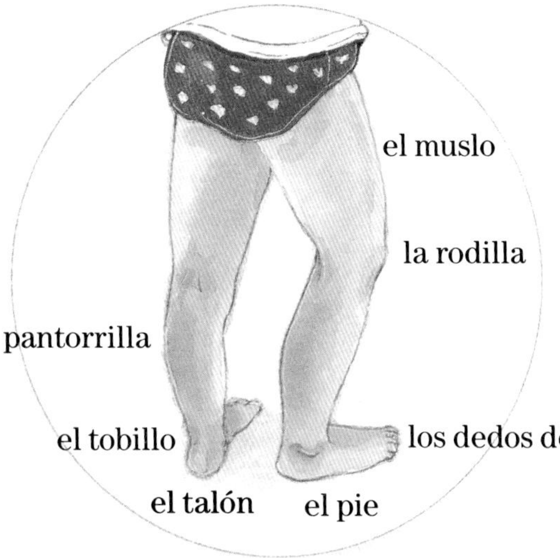
el muslo
la rodilla
la pantorrilla
el tobillo
los dedos del pie
el talón
el pie

las piernas

Mi familia

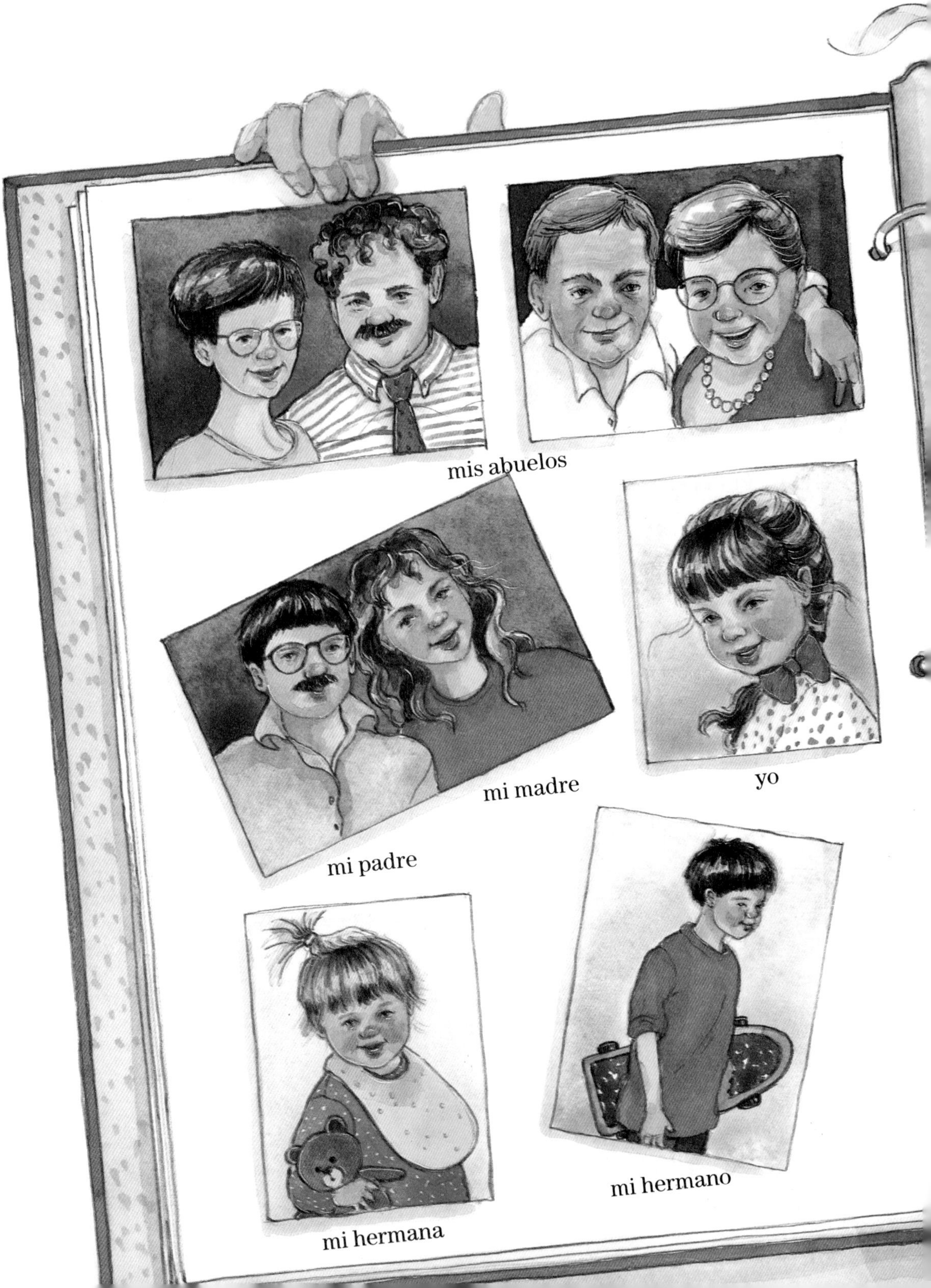
mis abuelos
mi madre
yo
mi padre
mi hermano
mi hermana

mis primos
mi tío
mi tía
mi
mi perro

Mis sentimientos

sorprendida

contenta

lastimada

asustada

soñolienta

furiosa

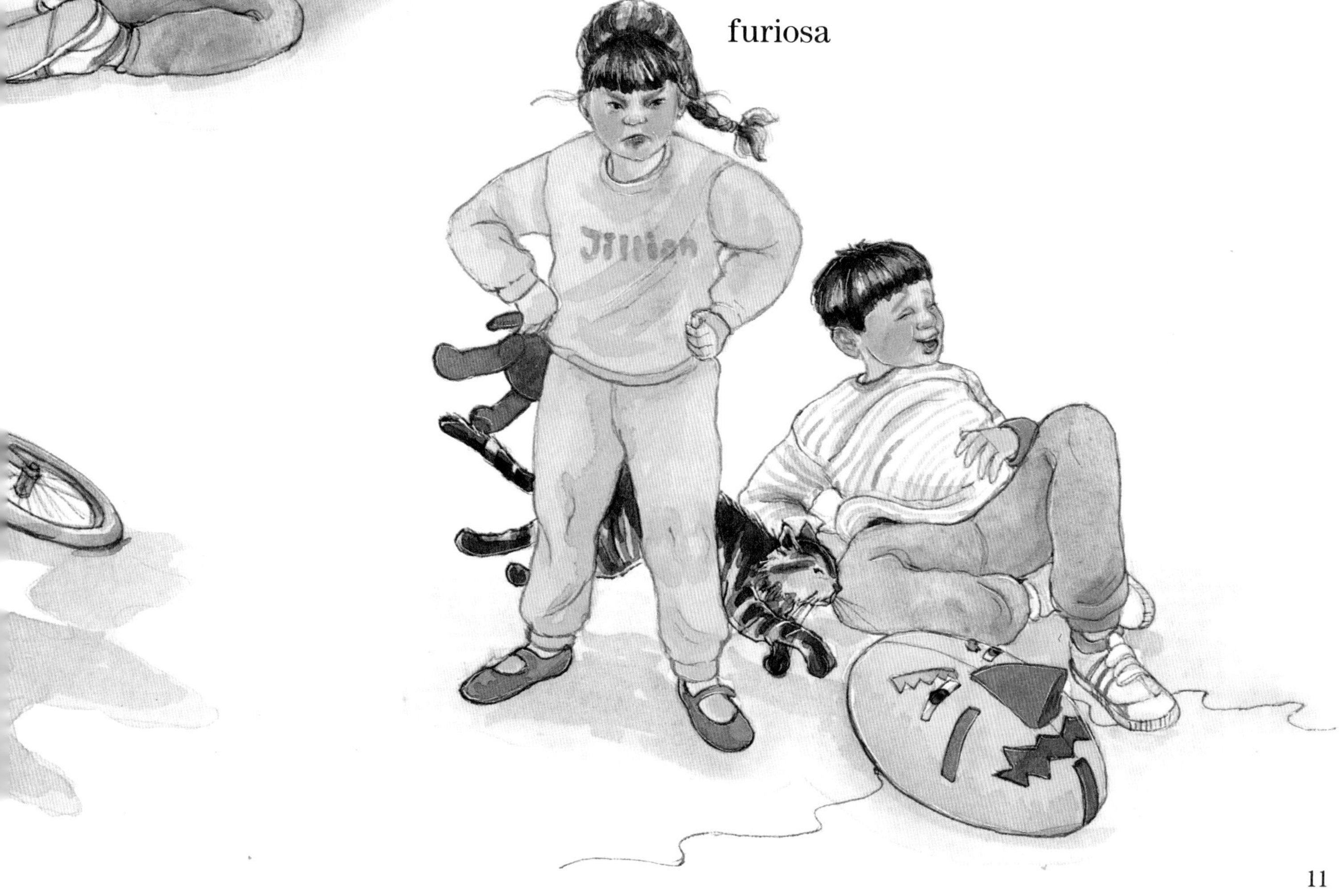

el armario
la ventana
las cortinas
el espejo
la puerta
la mecedora
los zapatos deportivos
la cómoda
el cajón
las muñecas
las zapatillas
la alfombra
la cama
los lápices de cera
el papel secante
la cinta adhesiva
el álbum de fotos
el papel
el rompecabezas
las tijeras
el portalápiz

Mi dormitorio

los libros
la repisa de libros
el tablero
la almohada
el osito
el reloj
la lámpara
el espejo
la sobrecama
el enchufe
el gato
la mesa
de noche
bro
e colorear
la caja de juguetes
el coche de muñecas

Mis juguetes

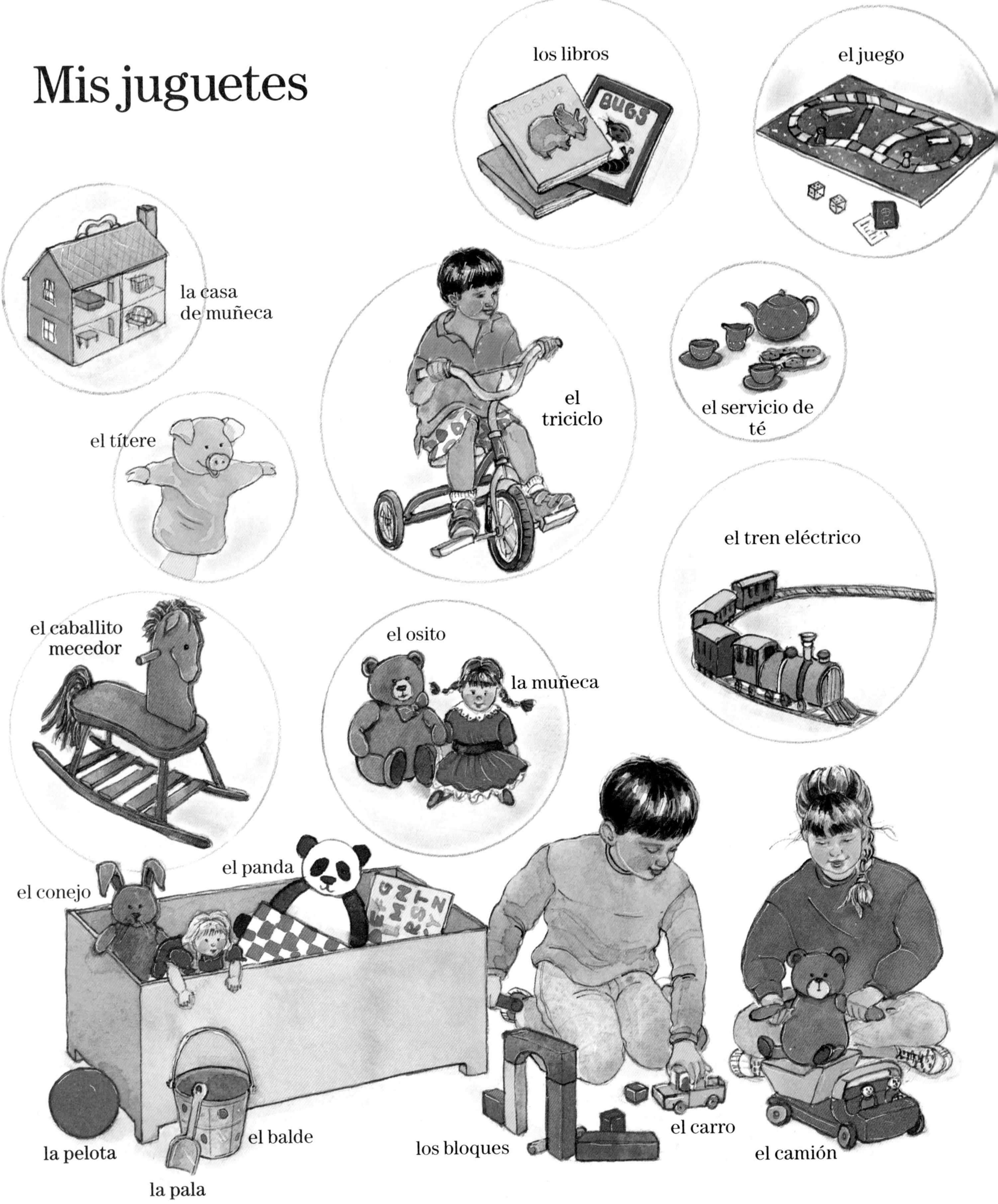

los libros
el juego
la casa de muñeca
el triciclo
el servicio de té
el títere
el tren eléctrico
el caballito mecedor
el osito
la muñeca
el panda
el conejo
la pelota
el balde
la pala
los bloques
el carro
el camión

Mi ropa

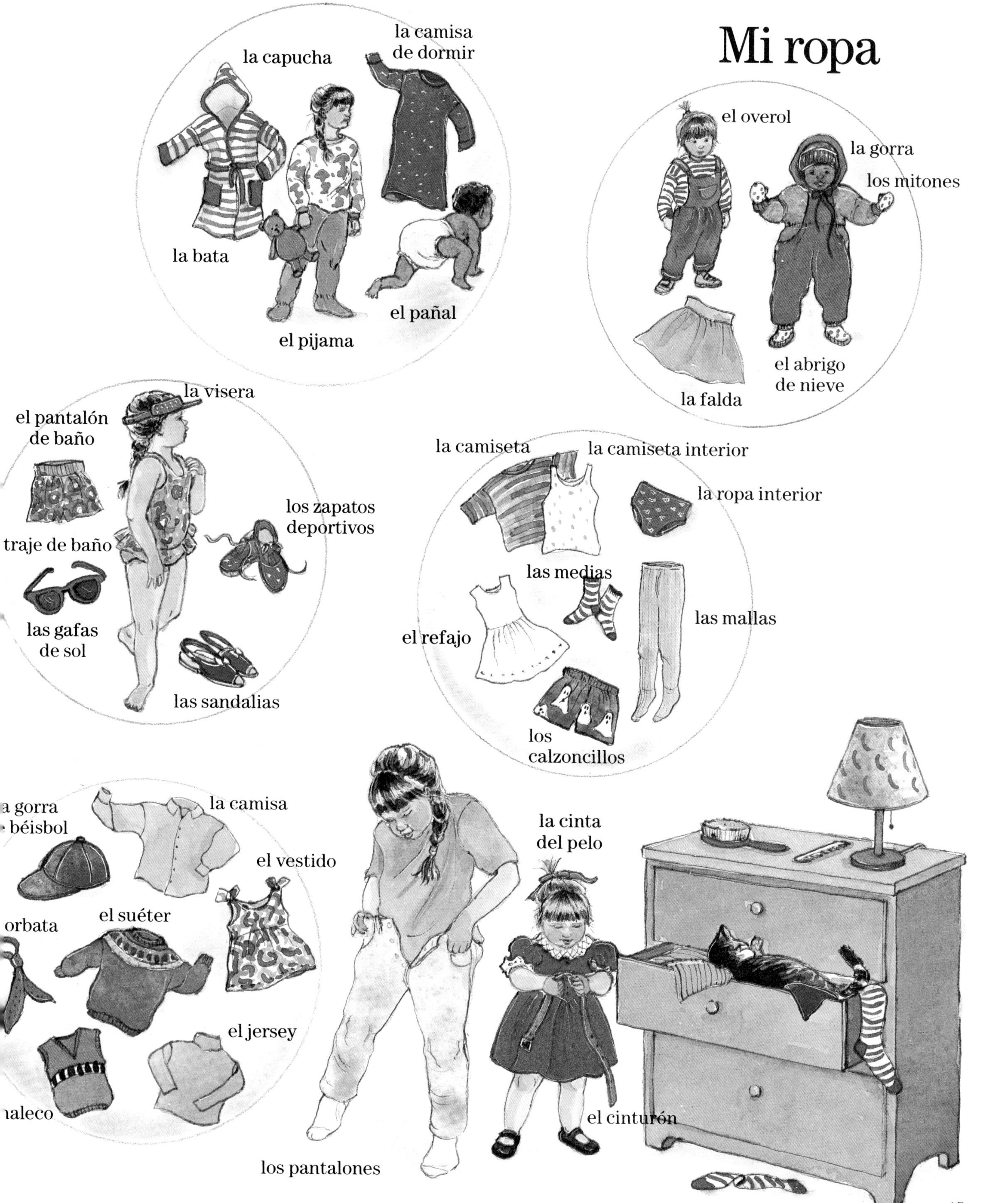

la capucha
la camisa de dormir
la bata
el pijama
el pañal
el overol
la gorra
los mitones
la falda
el abrigo de nieve
la visera
el pantalón de baño
los zapatos deportivos
traje de baño
las gafas de sol
las sandalias
la camiseta
la camiseta interior
la ropa interior
las medias
las mallas
el refajo
los calzoncillos
a gorra
béisbol
la camisa
el vestido
el suéter
orbata
el jersey
aleco
la cinta del pelo
el cinturón
los pantalones

la esponja

el jabón líquido
para platos

el hornillo

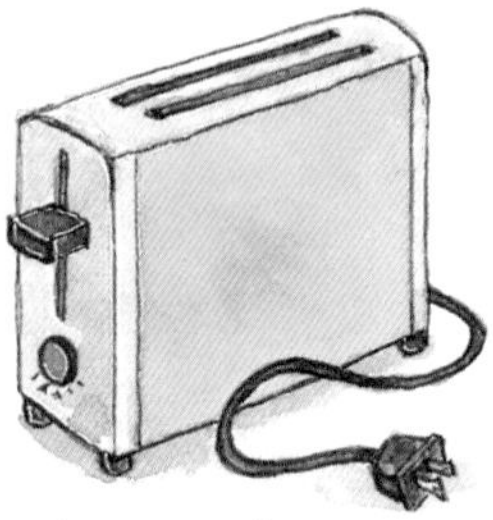

la tostadora

la cafetera
eléctrica

las latas
para víveres

los vasos
la bandeja
los tazones
los floreros
los platos
las tazas
la tetera
las tazas
el gabinete
los libros
de cocina
los va
el escurreplatos
el grifo
el fregadero
el mostrad
el lavaplatos
el cubo
de basura

Mi cocina

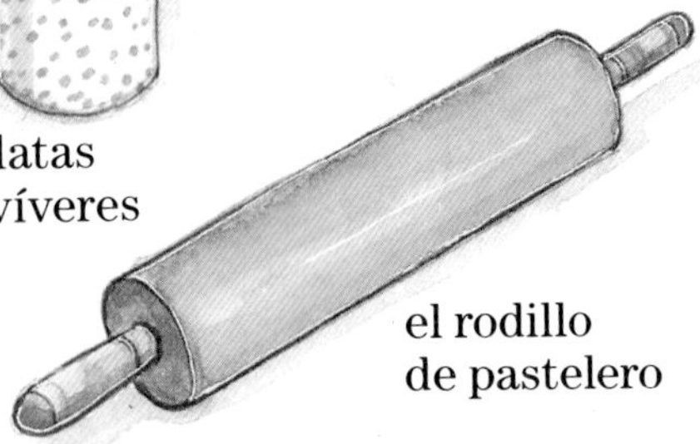

el rodillo
de pastelero

el tazón

la taza
de medir

la cuchara de madera

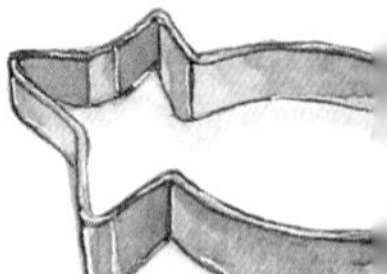

el congelador
la microonda
s guantes
e horno
la tetera
la estufa
el horno
los tiradores
la comida
la nevera
la mesa
la jarra
la taza
el platillo
el plato hondo
el mantel
la silla
la silla
alta
el abrelatas
el
cucharón
la espátula
la tapa
la cacerola
la olla
el sartén
el salero
y el pimentero
ortadores
alletitas
la bandeja
de galletas
la servilleta
la cuchara
el cuchillo
el tenedor

Mi comida

la manzana
los panqueques
el almíbar
la leche
los panqueques
de barquillos
el cereal
el chocolate
la most
la mermelada
el
huevo
las judías verdes
JAM
la mantequilla
el jugo de naranja
las tostadas
el pollo

El desayuno

El almuerzo

la zanahoria
las uvas
la naranja
las papas fritas
las galletas
el apio
el sandwich de queso
la ensalada
la mayonesa
los pepinos
la salsa de tomate
TOMATO KETCHUP
la pimienta
la hamburguesa
los guisantes
la papa horneada
la sal
la carne asada
la sopa

La cena

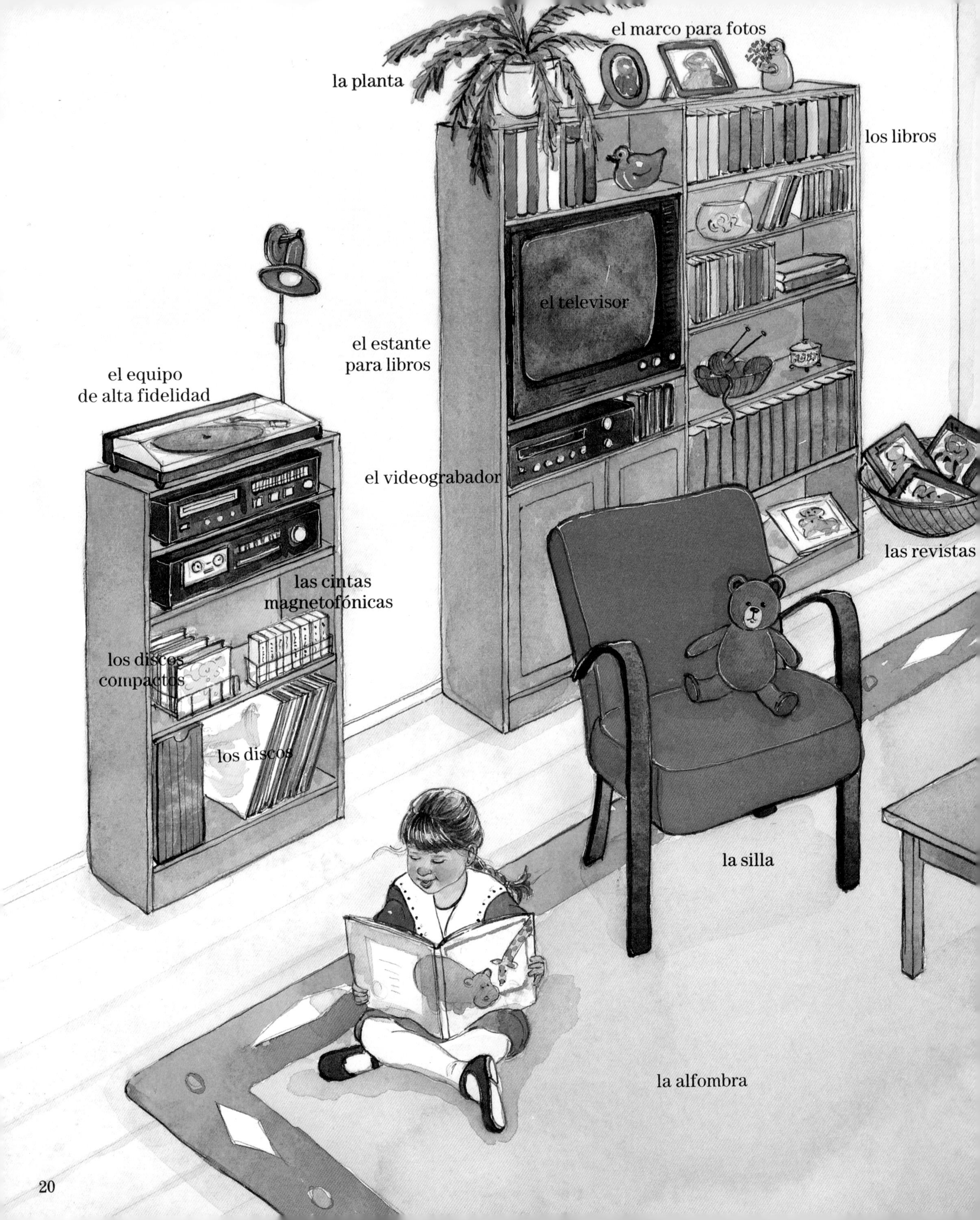
el marco para fotos
la planta
los libros
el televisor
el estante
para libros
el equipo
de alta fidelidad
el videograbador
las revistas
las cintas
magnetofónicas
los discos
compactos
los discos
la silla
la alfombra

Mi sala

la lámpara
los cuadros
el sofá
los cojines
el teléfono
la mesita
de sala
el florero
la mesa de centro

la ducha
el toallero
el grifo
el champú
el papel
de inodoro
las toallas
las burbujas
la bañadera
el inodoro
el orinal
para bebés
la cortina de ducha
el pato de goma
los juguetes de baño
la alfombra de baño

Mi baño

el espejo
el botiquín
el enjuague bucal
el cepillo
de dientes
la jabonera
el jabón
la toallita
el agua
el lavabo
epillo de pelo
la pasta de
dientes
la ropa sucia
la canasta
el banquillo

la sombrilla
la silla
la jardinera
de ventana
la mesa
el patio
la puerta
la jaula
de conejo
la barbacoa
los pájaros
el alimenta — pájaros
el árbol
el perro
la ardilla
las flores

la regadera

las rosas

la cesta

los melocotones

Mi patio

la cerca
la perrera
el césped
el rastrillo
el jardín

la carretilla

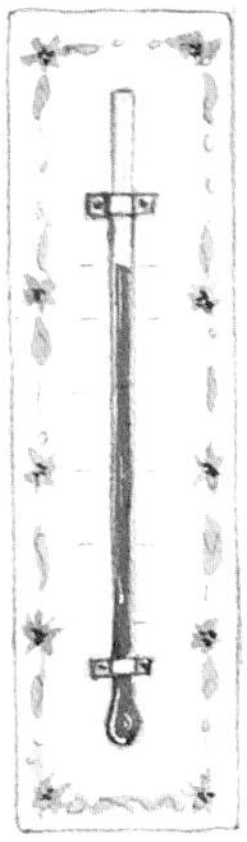

el termómetro

las hojas

el conejo

el plato

el hueso

el carbón

la segadora
de césped

el reloj

el lavabo

el maletín del almuerzo

el cesto de papeles

los dibujos
las casillas
el caballete
el rompecabezas

Mi salón de clases

los libros

la estera

la pintura

los pinceles

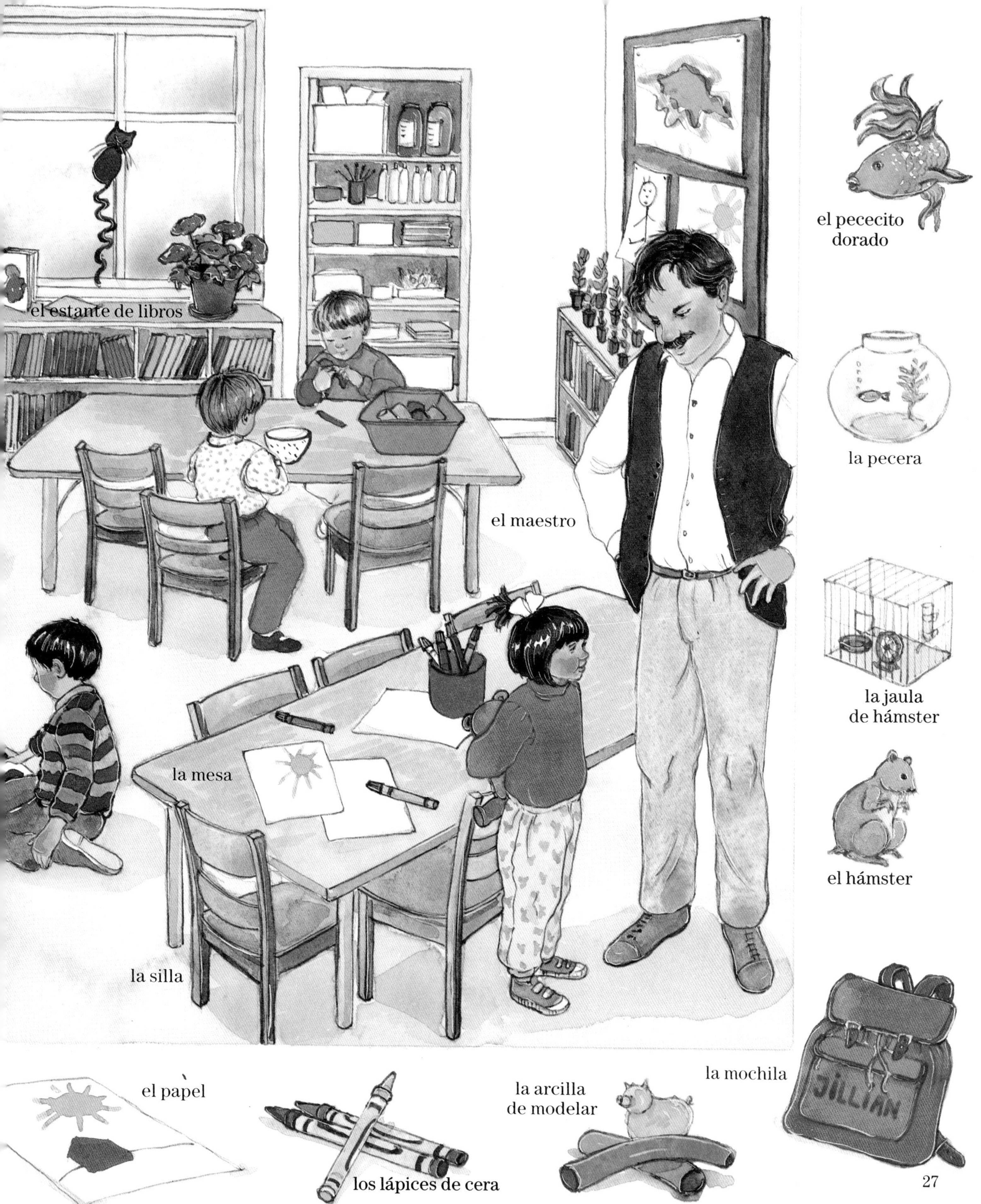
el estante de libros
el pececito dorado
la pecera
el maestro
la jaula de hámster
la mesa
el hámster
la silla
la mochila
el papel
la arcilla de modelar
los lápices de cera
JILLIAN

Aprendo los colores

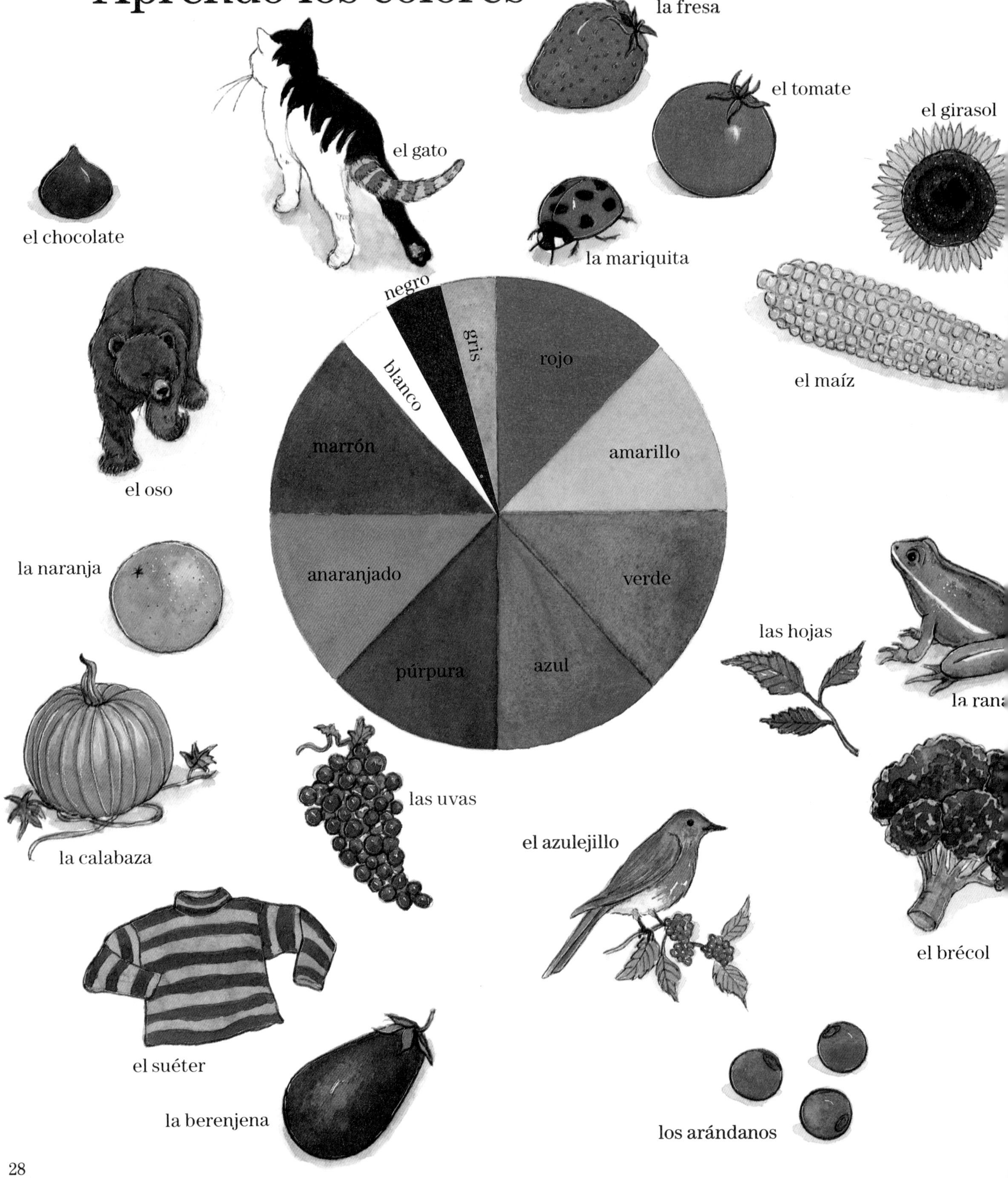
la fresa
el tomate
el girasol
el gato
el chocolate
la mariquita
negro
gris
blanco
rojo
el maíz
marrón
amarillo
el oso
la naranja
anaranjado
verde
las hojas
púrpura
azul
la ran
las uvas
la calabaza
el azulejillo
el brécol
el suéter
la berenjena
los arándanos

Aprendo las formas

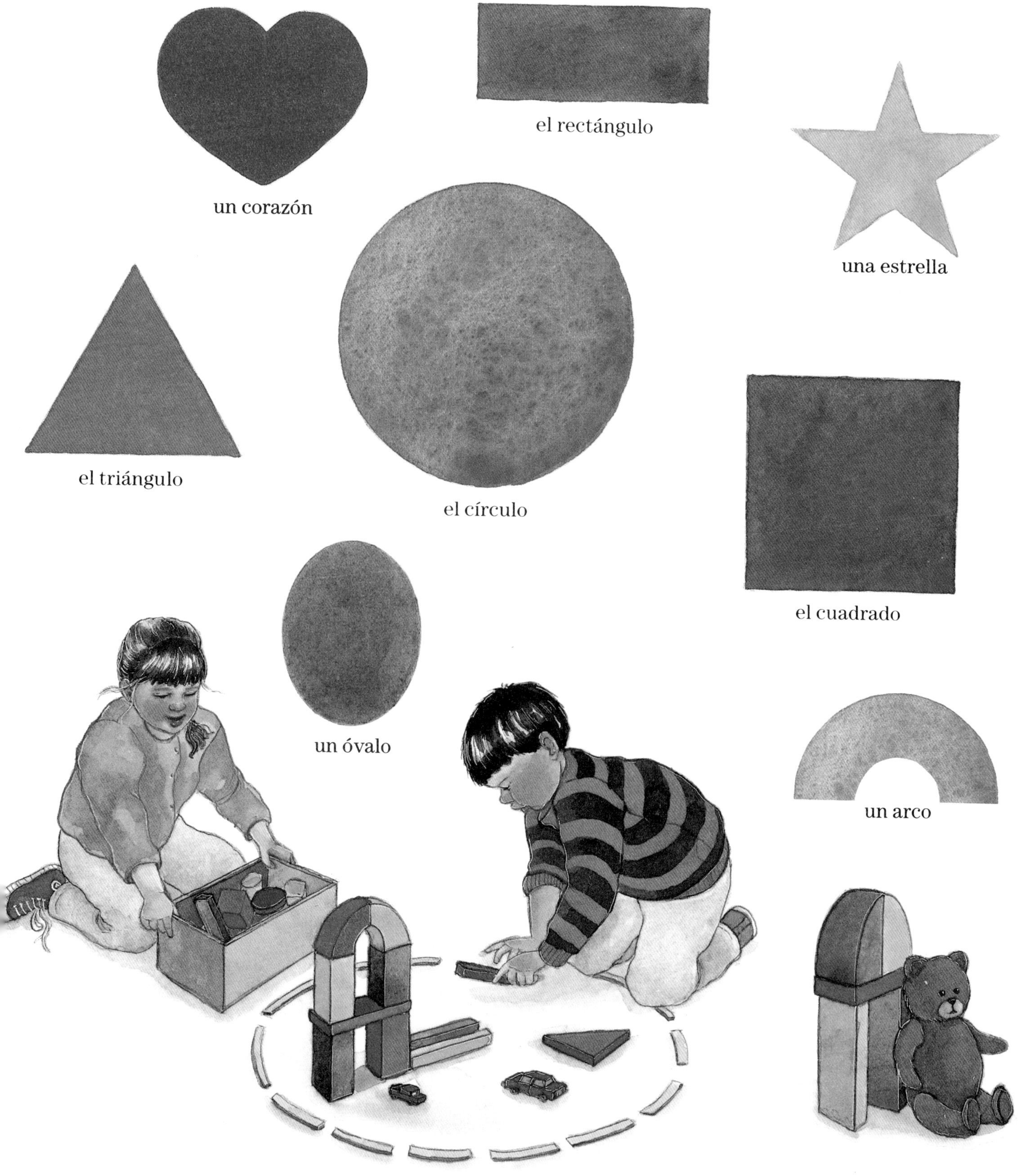
un corazón
el rectángulo
una estrella
el triángulo
el círculo
el cuadrado
un óvalo
un arco

Aprendo los números

1

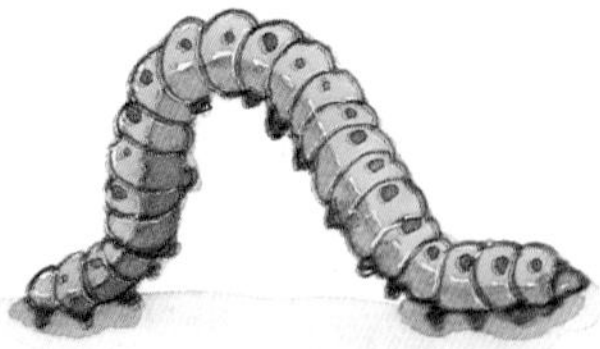

una oruga

2

dos gatitos

3

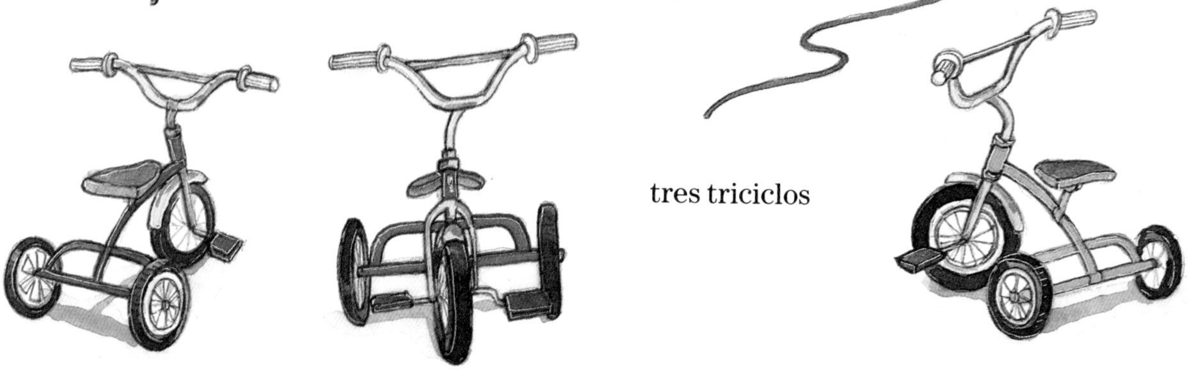

tres triciclos

4

cuatro carritos

5

cinco osos

6

seis pingüinos

7

siete elefantes

8

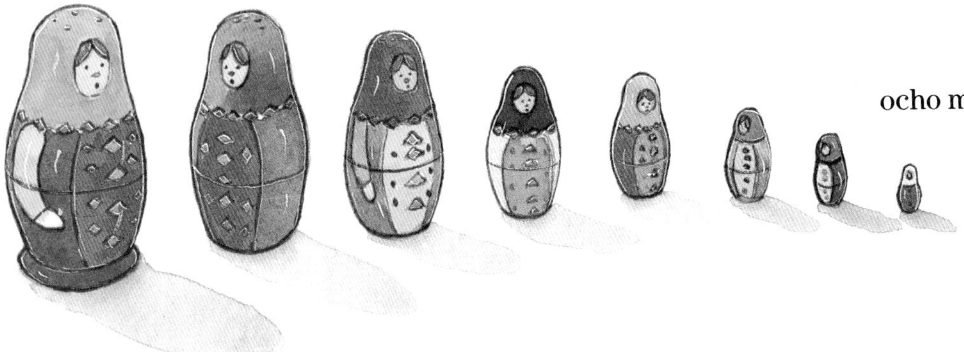

ocho muñecas

9

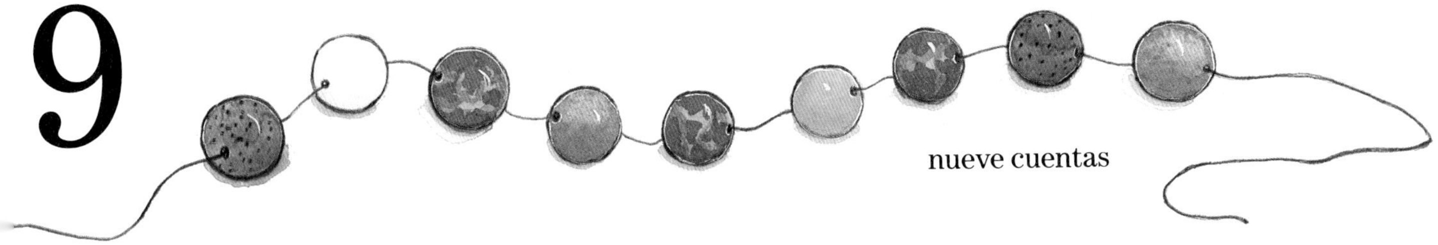

nueve cuentas

10

diez hormigas

Aprendo inglés

alligator
el cocodrilo

A

balloon
el globo

B

cat
el gato

C

dinosaur
el dinosaurio

D

hat
el sombrero

H

ice cream
el helado

I

jack-in-the-box
la caja de sorpresa

J

owl
el búho

O

pencil
el lápiz

P

queen
la reina

Q

umbrella
el paraguas

U

vase
el florero

V

whistle
el silbato

W

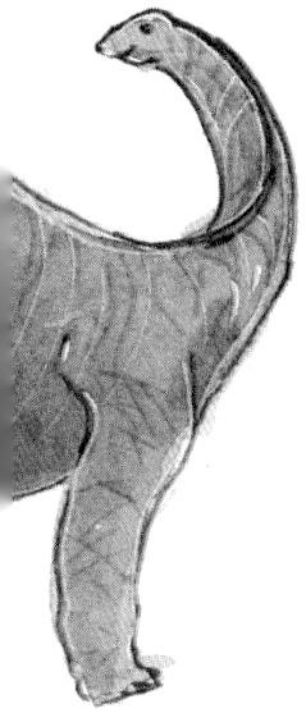

E

egg
el huevo

frog
la rana

F

glass
el vaso

G

kite
el papalote

K

L

lollipop
la paleta

mouse
el ratón

M

nail
el clavo

N

rainbow
el arco iris

R

S

sea horse
el caballo marino

turtle
la tortuga

T

xylophone
el xilófono

X

Y

yarn
el hilo

zipper
la cremallera

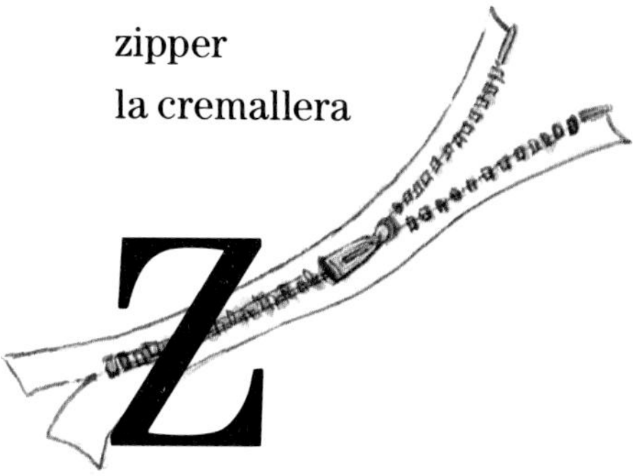
Z

el juego de campanas
el arpa
el xilófono
la batuta
la partitu
el saxofón
el atril
el piano
la
trom
la viola
el violín
el tambor
el violoncelo

Los instrumentos musicales

la flauta
el flautín
la guitarra
la armónica
director
de orquesta
el bajón
el clarinete
la tuba
el oboe
el trombón
los platillos
el triángulo

el jugo
las servilletas
la mesa
los vasos de papel
el mantel
las cucharas de plástico
los tenedores de plástico
los platos de papel
los bizcochitos
la corneta de fiesta
la bolsita para regalos de fiesta
los pretzels
las papas fritas
los sombreros de fiesta

Mi fiesta de cumpleaños

los adornos
los globos
los regalos
la niña de cumpleaños
el juego de prenderle la cola
al burro
el helado
los platos
hondos
las velitas
el bizcocho
de cumpleaños
las tarjetas
de cumpleaños
HAPPY
BIRTHDAY

EL HOSPITAL
la bandera
LA ESCUELA
la ambulancia
el autobú
escolar
LA OFICINA DE CORREOS
el guar
del cru
el camión – correo
LA ESTACIÓN
DE POLICÍA
el policía
el restaurante
LA ESTACIÓN
DE BOMBEROS
el bombero
el farol
El Restaurante
de Mamá
el carro – patrulla
la estación
de bomberos
el camión
de bomberos
el paso
para peatones
la bomba
de agua
el buzón

Mi comunidad

el lugar de construcción
el obrero
EL HOTEL
La Tienda de José
los bancos
la fuente
el tendero
el semáforo
el camión
de la basura
pastelero
el camarero
el basurero
el árbol
la acera
los cubos
de basura

la cesta
el balón de fútbol
pateando
cavando
el cajón arena
los columpios
columpiándose
riendo
corriendo
caminando
el vaivén

Mi patio de recreo

la pelota
el bate
de béisbol
lanzando
el aro
de baloncesto
el balón
subiendo
saltando
gateando
el juego de gimnasia
colgándose
deslizándose
sentándose

los frijoles

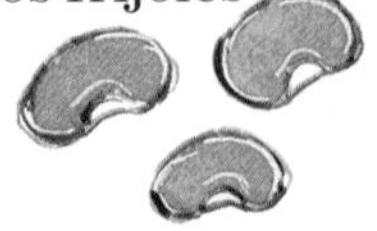

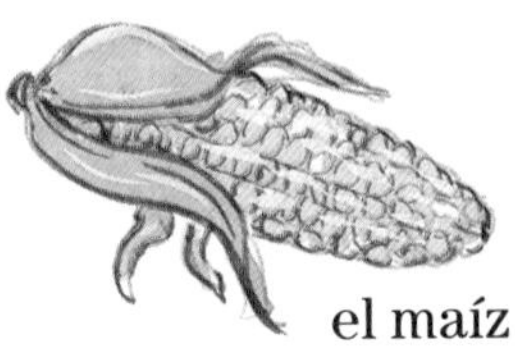

el maíz

el pepino

las setas

la cebolla

la bolsa
de papel

LOS ALIMENTOS CONGELADOS
LOS PRODUCTOS LÁCTEOS
el queso
la leche
los huevos
la mantequilla
PAN
MACARRONES
GALLETAS
los espaguetis
el pan
las galletas
mantequilla
de maní
las
conservas
MANZANAS
PLÁTANOS
el cereal
el comprador
la cajera
la máquina
para chicle
Cereal

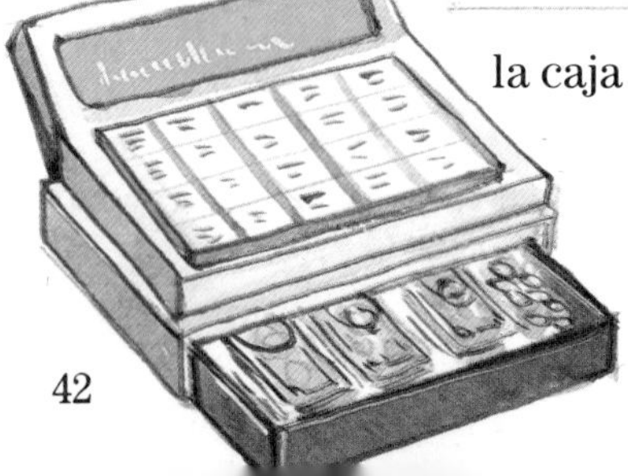

la caja

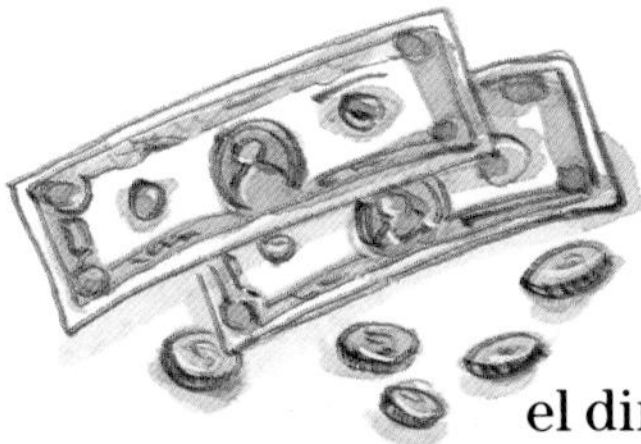

el dinero

AHORRE

el cupón

la balanza

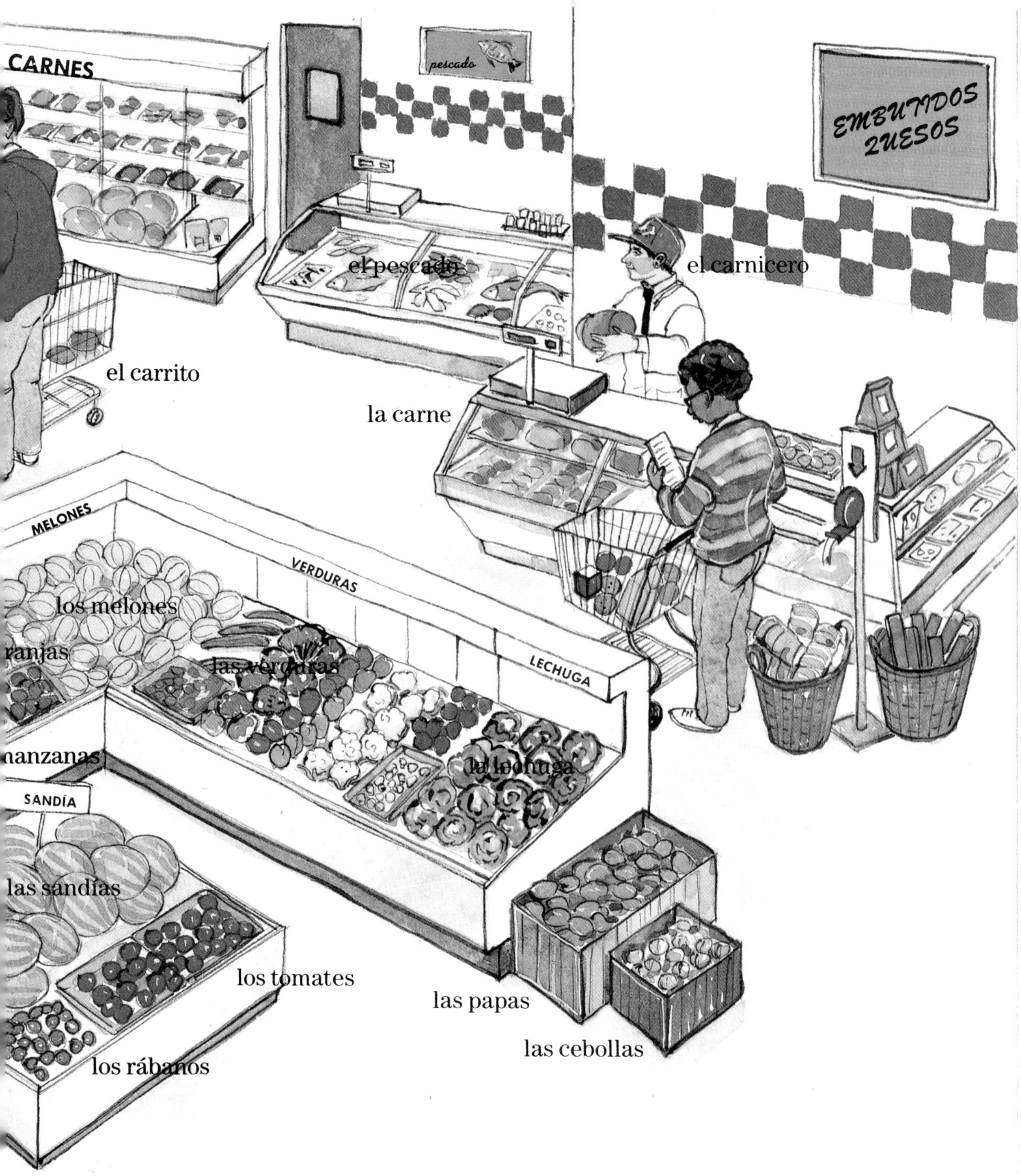
CARNES
pescado
EMBUTIDOS
QUESOS
el pescado
el carnicero
el carrito
la carne
MELONES
VERDURAS
LECHUGA
los melones
ranjas
las verduras
anzanas
la lechuga
SANDÍA
las sandías
los tomates
las papas
las cebollas
los rábanos

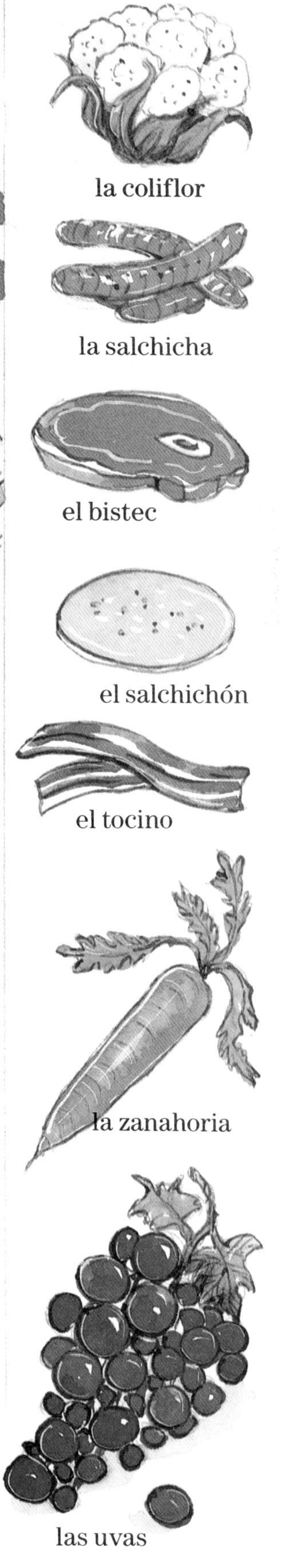
la coliflor
la salchicha
el bistec
el salchichón
el tocino
la zanahoria
las uvas

Mi supermercado

las fresas
los arándanos
las cerezas
las limas
el limón

La oficina de mi médico

La sala de espera

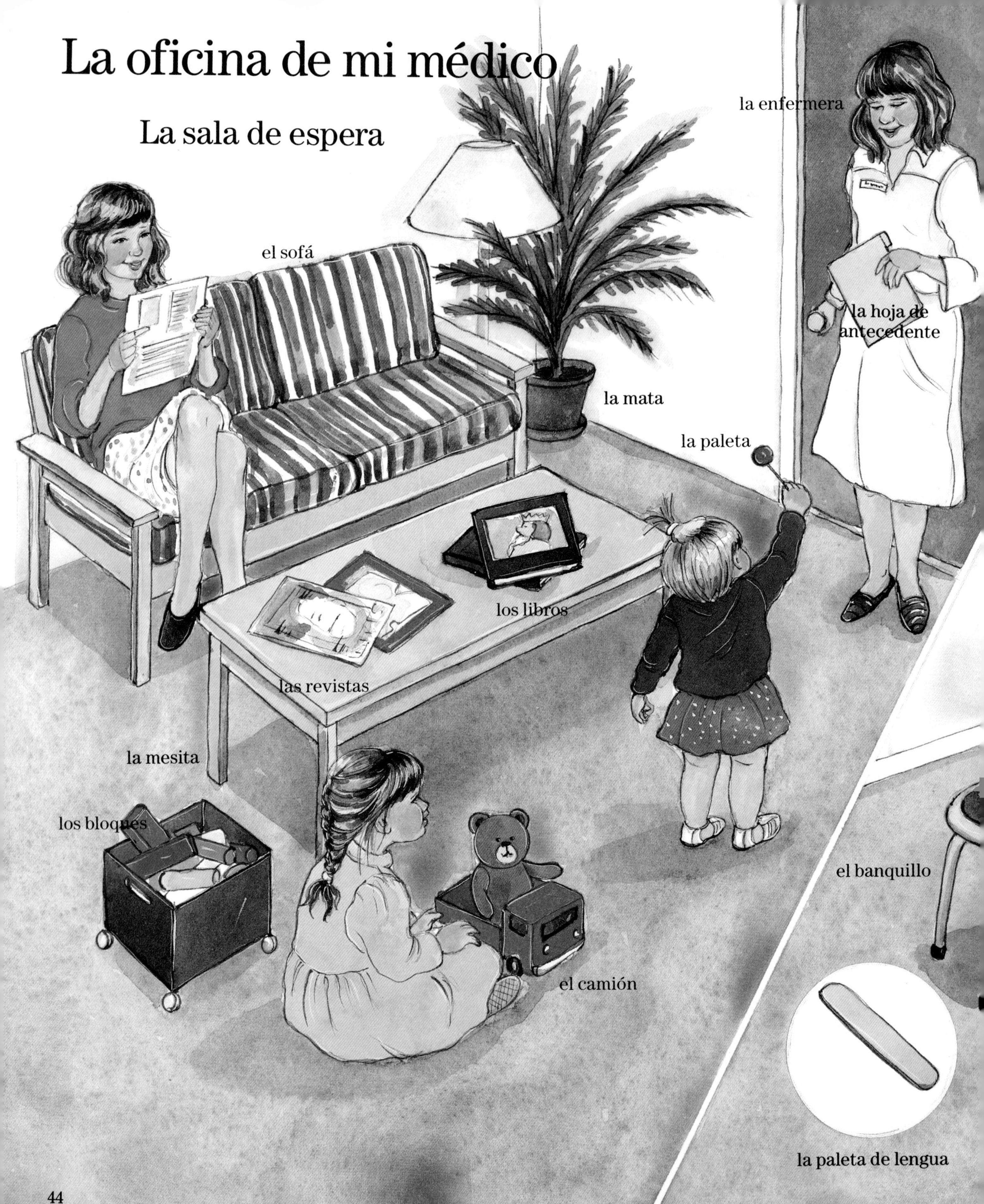
la enfermera
el sofá
la hoja de antecedente
la mata
la paleta
los libros
las revistas
la mesita
los bloques
el banquillo
el camión
la paleta de lengua

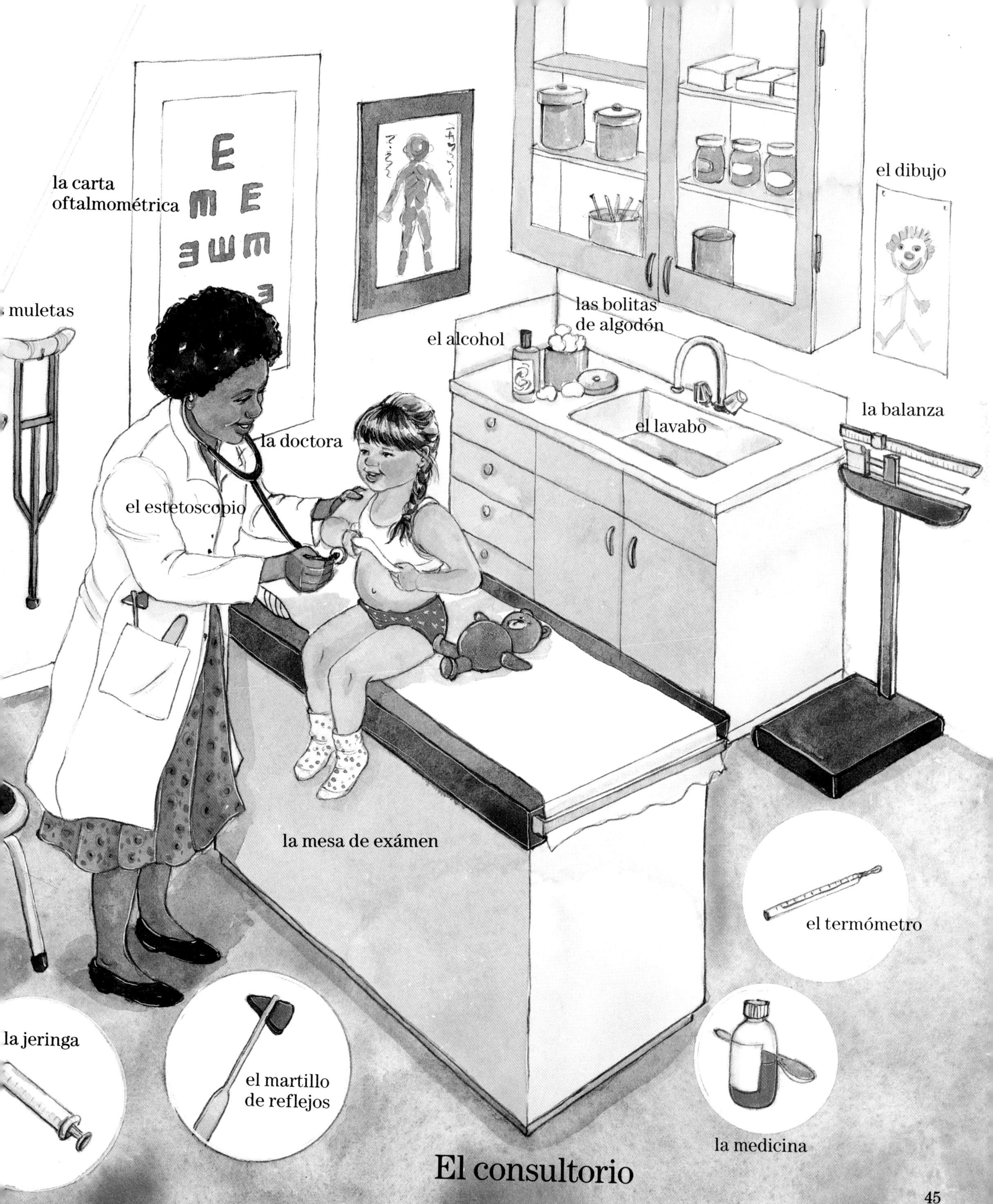
la carta
oftalmométrica
muletas
las bolitas
de algodón
el alcohol
el dibujo
la doctora
el lavabo
la balanza
el estetoscopio
la mesa de exámen
el termómetro
la jeringa
el martillo
de reflejos
la medicina

El consultorio

Los vehículos

el avión
LA TIERRA
el tractor
el tren
el carro – patrulla
el carro
el autobús escolar
el camión
de remolque
la ambulancia
la niveladora
el vehículo
para acampar
la motocicleta

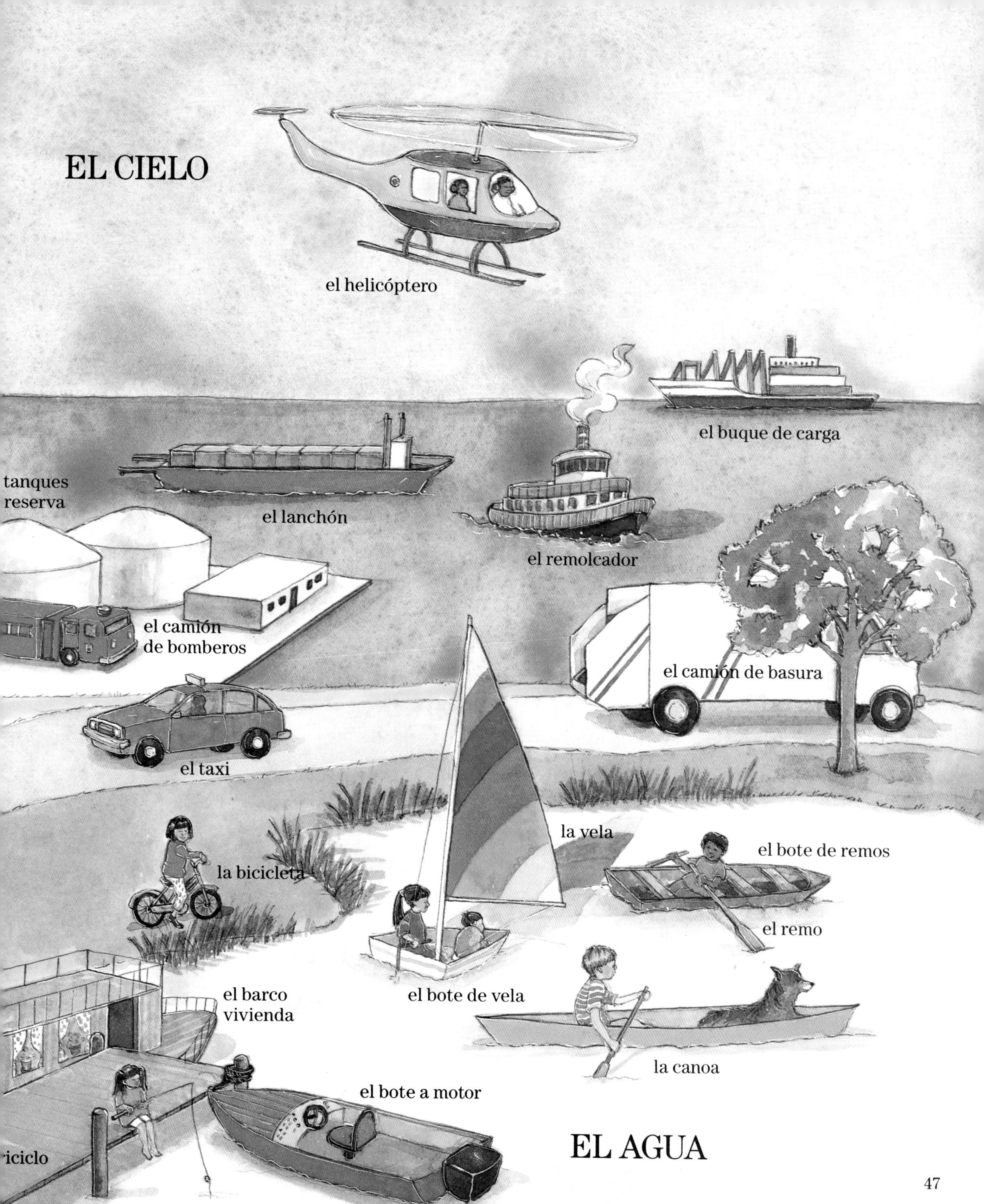
EL CIELO
el helicóptero
el buque de carga
tanques
reserva
el lanchón
el remolcador
el camión
de bomberos
el camión de basura
el taxi
la vela
el bote de remos
la bicicleta
el remo
el barco
vivienda
el bote de vela
la canoa
el bote a motor
iciclo
EL AGUA

Las herramientas

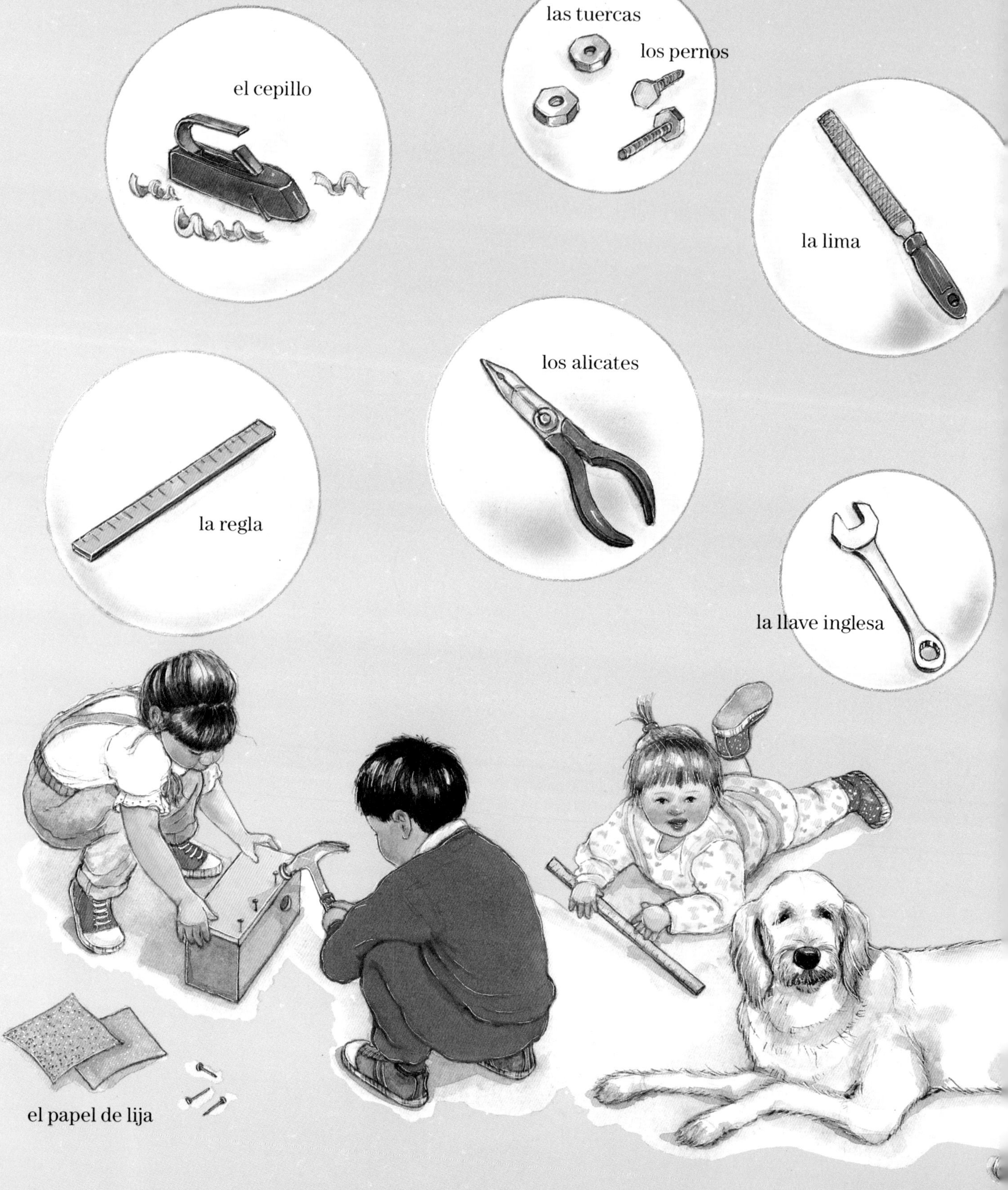

las tuercas
los pernos
el cepillo
la lima
los alicates
la regla
la llave inglesa
el papel de lija

el taladro

los clavos
los tornillos

el martillo

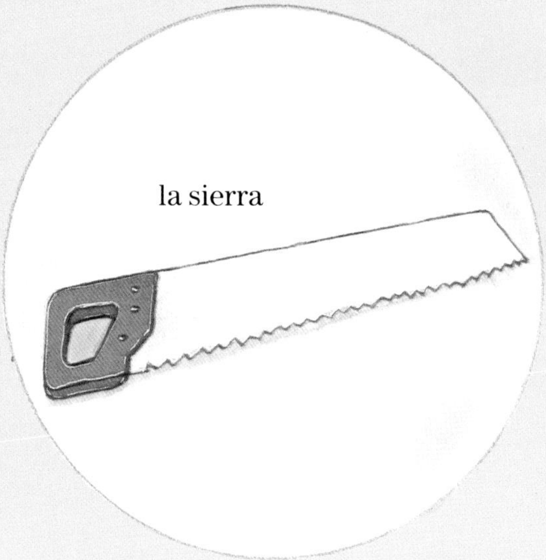
la sierra

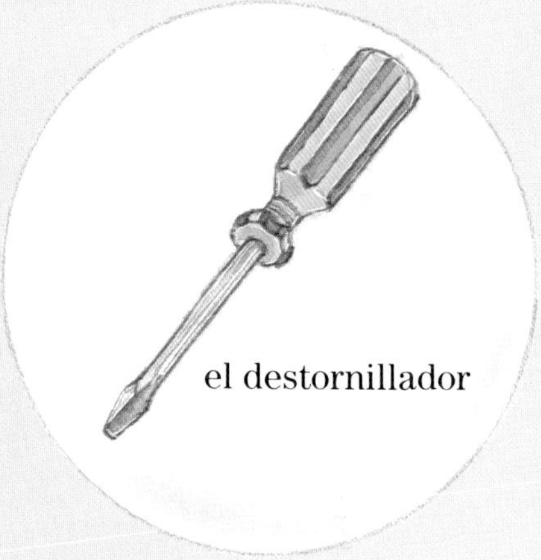
el destornillador

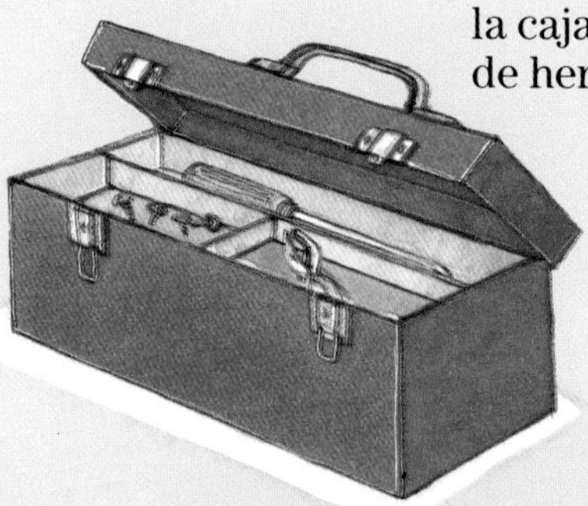

la caja
de herramientas

la pala

Los días de fiesta

Halloween

la bruja
los niños disfrazados
piden dulces
la calabaza
linterna
el fantasma

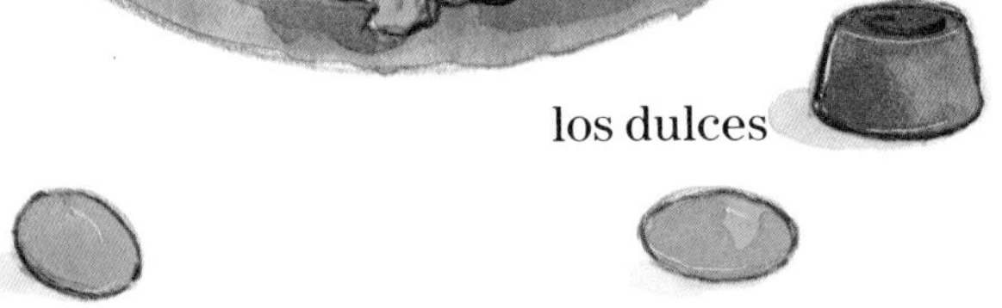

los dulces

El día de Acción de Gracias

el pavo

los arándanos agrios

Hanukkah

La Fiesta de Luces

las velas
menorah —
el candelabro judío

Las Navidades

el árbol de Navidad
los regalos
Papá Noel

El día de San Valentín

los corazones
Cupido

La Pascua Florida

el conejo de Pascua
el sombrero de Pascua
los huevos de Pascua
s caramelos

los fuegos artificiales
la bandera de los Estados Unidos

El 4 de Julio

El día de Independencia de los Estados Unidos

Las estaciones

la primavera

el papalote
el grajo azul
el cerezo de flor
el capullo de rosa
el petirrojo
los tulipanes
el nido
las flores
el narciso trompón

el verano

la pelota de playa
el nadador
la piscina
el traje de baño
la bicicleta
el mosquito
los pantalo cortos
la limonada
las sanda
las gafas de sol
la crema bronceadora
el té frío
la patinet

el otoño

el árbol
las manzanas
el rastrillo
las hojas
la calabaza

el invierno

la nieve
la gorra
el estanque
helado
el muñeco
de nieve
la bufanda
los bastones
de esquiar
los mitones
los patines
de hielo
la bola
de nieve
s carámbanos
el trineo
los esquís
las botas

El tiempo

la lluvia
las gotas de lluvia
el granizo

el viento

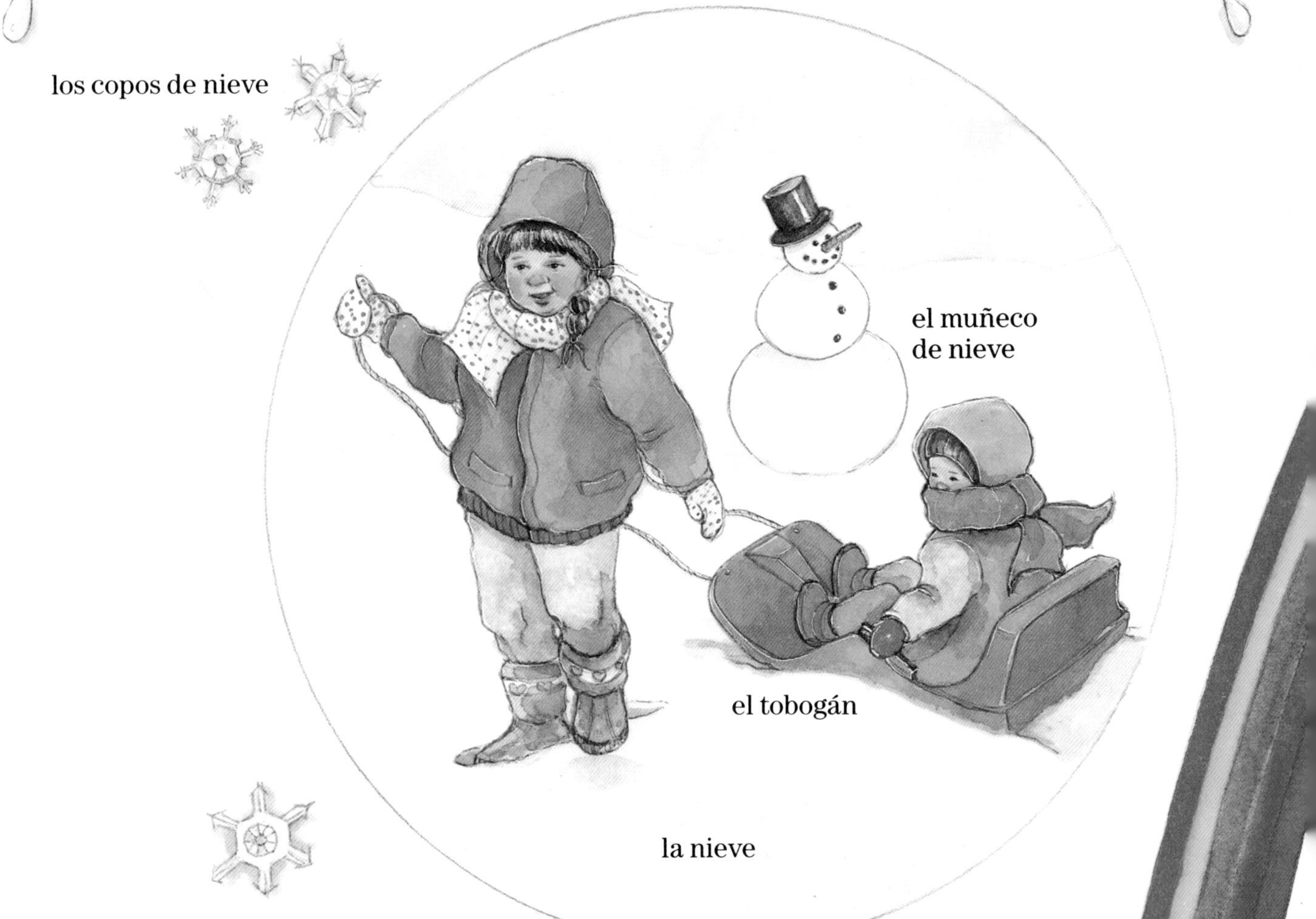
los copos de nieve
el muñeco de nieve
el tobogán
la nieve

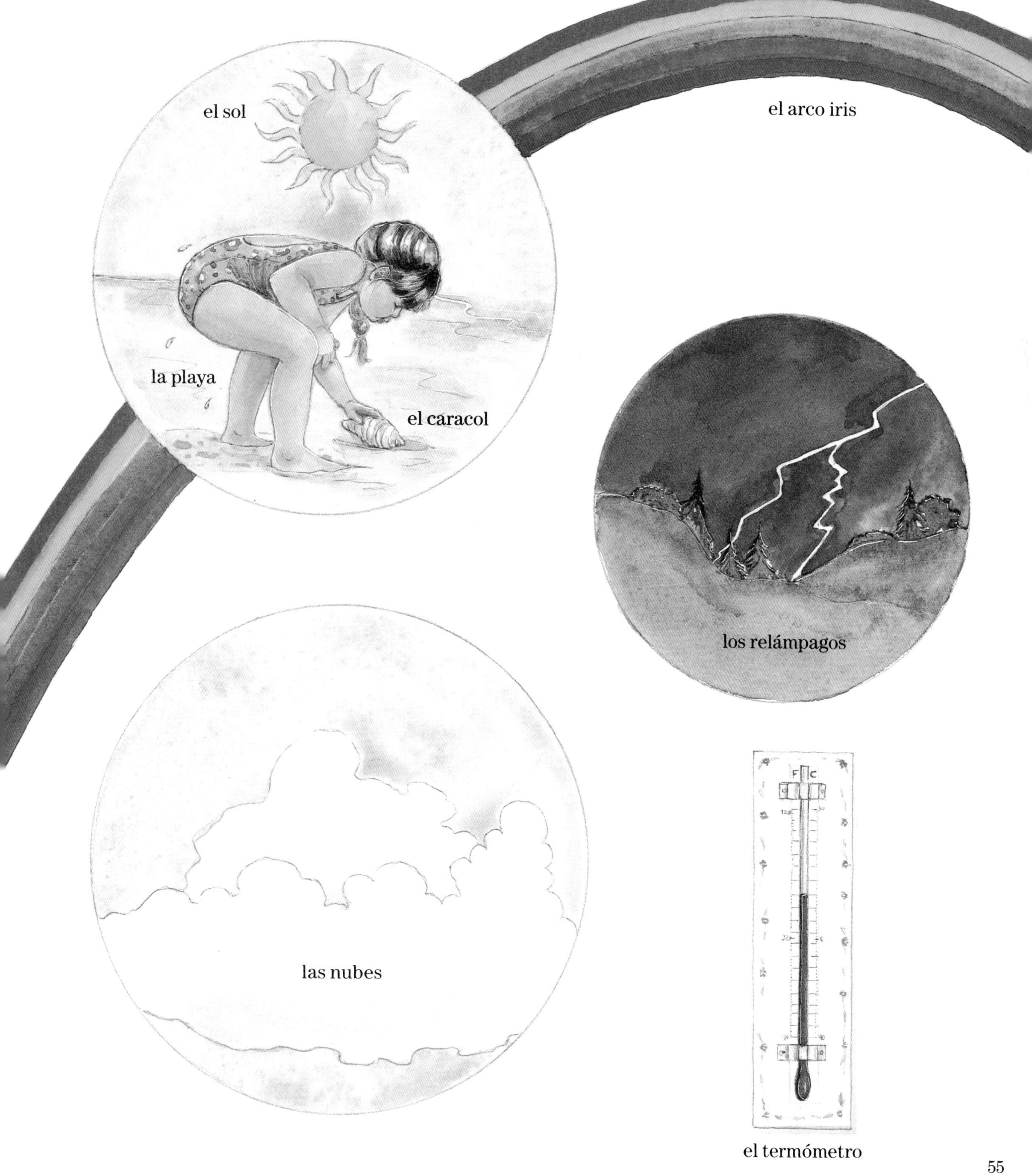
el sol
el arco iris
la playa
el caracol
los relámpagos
las nubes
el termómetro

el gallo
el cerdo
la gallina
el gato
los pollitos
los gatitos
la cabra
la vaca
el cordero
el ratón

el silo
el granero
los patos
el perro
el caballo

Los animales de la granja

Los animales salvajes

el tigre
el hipopótamo
el chimpancé
la jirafa
el elefante
el rinoceronte
la cebra
el oso

el camello

el oso blanco
los pingüinos
las focas

el leopardo
los leones

el panda

Los animales marinos

la ballena
los peces
el tiburón
el alga marin
los peces
el buque hundido
el pulpo
el coral
el camarón
el cofre de tesoro
los caracoles
la langosta
la estrella de mar
el cámbaro
el cangrej

Los animales nocturnos

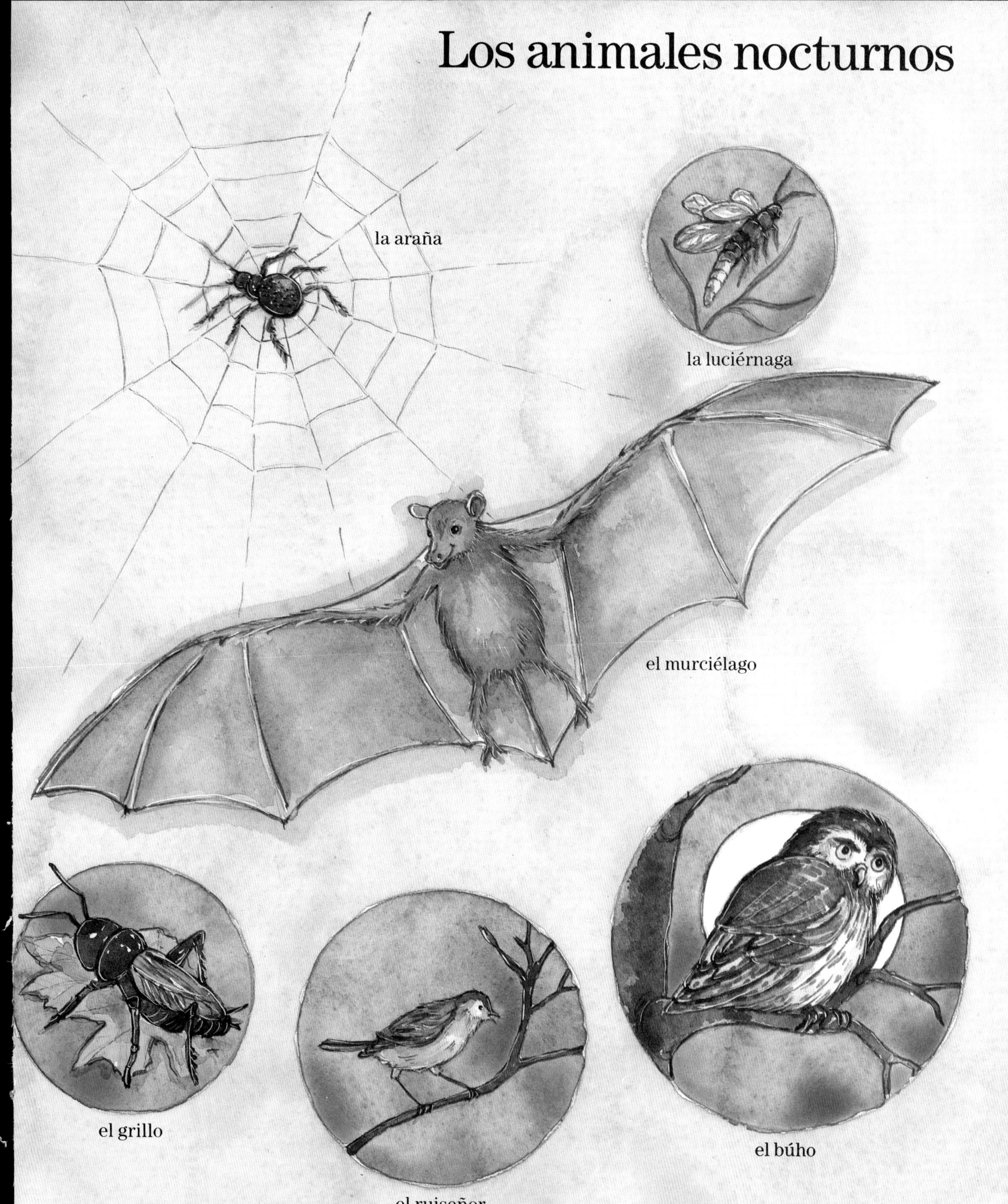
la araña
la luciérnaga
el murciélago
el grillo
el ruiseñor
el búho

Buenas noches

el visillo
la luna
la ventana
la mamá
la repisa de libros
la lámpara
la cam
el osito
la manta
el perro
las niñas
el biberón